BEI GRIN MACHT SICH IHR WISSEN BEZAHLT

AF139787

- Wir veröffentlichen Ihre Hausarbeit,
  Bachelor- und Masterarbeit

- Ihr eigenes eBook und Buch -
  weltweit in allen wichtigen Shops

- Verdienen Sie an jedem Verkauf

Jetzt bei www.GRIN.com hochladen
und kostenlos publizieren

Bibliografische Information der Deutschen Nationalbibliothek:

Die Deutsche Bibliothek verzeichnet diese Publikation in der Deutschen National-bibliografie; detaillierte bibliografische Daten sind im Internet über http://dnb.d-nb.de/ abrufbar.

Impressum:

Copyright © 2016 GRIN Verlag, Open Publishing GmbH
Druck und Bindung: Books on Demand GmbH, Norderstedt Germany
ISBN: 9783668507135

Dieses Buch bei GRIN:

http://www.grin.com/de/e-book/372326/doping-im-bodybuilding-am-beispiel-von-anabolika

Leonhard Klingsbögl

Doping im Bodybuilding am Beispiel von Anabolika

GRIN Verlag

Inhaltsverzeichnis

1. Einleitung 2

2. Geschichte und allgemeine Informationen zum Doping 3

    2.1 Ursprünge des Dopings in der Antike 3

    2.2 Dopingfälle und geschichtliche Hintergründe in der Moderne 3

    2.3 Begriffsdefinition von Doping 5

    2.4 Rechtliche Situation bei Dopingfällen in Deutschland 7

3. Doping am Beispiel von Anabolika 8

    3.1 Wirkung von Anabolika 8

    3.2 Risiken und Nebenwirkungen von anabolen Steroiden 9

4. Grundlagen zum Bodybuilding 11

    4.1 Ursprung des Bodybuildings 11

    4.2 Beschreibung des Bodybuildings 12

    4.3 Wettkämpfe im professionellen Bodybuilding 14

5. Doping im Bodybuilding 15

    5.1 Dopingverhalten im Spitzensport 15

    5.2 Gründe für den Dopingmissbrauch im Freizeitsport 16

    5.3 Beispiele von berühmten und gedopten Bodybuildern 17

6. Fazit: Prävention und Natural Wettkämpfe als Anti-Doping-Strategie 18

Literaturverzeichnis 20

Abbildungsverzeichnis 22

1. Einleitung

Fitnesstraining und Bodybuilding gewinnen zunehmend an Beliebtheit in der heutigen Gesellschaft, was sich zudem deutlich an den vielen Neueröffnungen von Fitnessstudios in den letzten Jahren erkennen lässt. Gründe für eine Neuanmeldung in einem dieser Studios sind meist gesundheitliche, aber auch der Aspekt der Ästhetik rückt vor allem bei Jugendlichen und jungen Erwachsenen immer weiter in den Vordergrund. Um ihre Ziele von der Traumvorstellung des eigenen Körpers zu erreichen stellen viele ihren gesamten Lebensstil um. Es wird penibel auf die Ernährung, Trainingsmethoden, aber auch Schlafzeiten geachtet. Der Konsum von Supplements gehört bei vielen Trainierenden zur Tagesordnung, während einige sogar so weit gehen, dass sie zu Dopingmitteln greifen, um das gewünschte Muskelwachstum zu beschleunigen. Was dabei erschreckend ist, ist die kinderleichte Verfügbarkeit der Anabolika im freien Internet gepaart mit detaillierten Informationen über deren Anwendungsmöglichkeiten. Innerhalb weniger Mausklicks kann man online per Smartphone oder Laptop zwischen verschiedenen Dopingprodukten wählen, sie bestellen und diese auf dem normalen Postweg an die eigene Adresse senden lassen.

Ich selbst bin schon auf diverse ähnliche Seiten gestoßen und sehe die Präsenz des Dopings, speziell im Amateurbereich des Bodybuildings, sehr kritisch. Insbesondere weil viele der Käufer von steroidhaltigen Medikamenten nicht ausreichend über eventuelle Risiken und Nebenwirkungen informiert sind bzw. werden. Sehr drastisch ist außerdem, dass laut dem Gerichtsmediziner Luitpold Kistler 100% der leistungsorientierten, professionellen Bodybuilder Anabolika konsumieren (vgl. Geipel 2008, S.15). Demgegenüber stehen zudem die Hobbysportler, die die Dopingpraxis der Profi-Bodybuilder schlimmstenfalls als Kavaliersdelikt ansehen und selbst in die Versuchung geraten, die Wirkung von anabolen Steroiden an sich zu erproben.

Diese Thematik beschäftigt mich, da ich selbst in meiner Freizeit Bodybuilding betreibe und innerhalb dieses Sports schon oftmals mit dem Thema Doping konfrontiert wurde. Diese Allgegenwärtigkeit von Anabolika im Kraftsport weckte mein Interesse, mich in diesem Themenbereich weiter zu informieren und letztendlich dazu, diese Seminararbeit über das Doping im Bodybuilding zu verfassen. Dabei möchte ich besonders auf die Beweggründe für Dopingmissbrauch sowohl bei Freizeitsportlern, als auch bei Spitzenathleten im Bodybuilding eingehen und diese Verhaltensweisen speziell am Beispiel von anabolen Steroiden aufzeigen.

2. Geschichte und allgemeine Informationen zum Doping

2.1 Ursprünge des Dopings in der Antike

Schon in der Antike wurde versucht, eine Leistungssteigerung im Wettkampf mithilfe von Substanzen wie Tierorganen und Pflanzensamen zu erreichen. Dadurch wollte man in einer Auseinandersetzung, wie zum Beispiel bei den antiken Olympischen Spielen, die eigenen Chancen gegenüber der Konkurrenz erhöhen. Beispielsweise wurden bereits Ende des 3. Jahrhunderts v. Chr. Stierhoden, ein Gebräu aus Stachelhalm, sowie auch riesige Mengen an Fleisch verzehrt, um eine Kraftsteigerung zu erzielen (vgl. Haug 2009, S.34). Während im alten Rom versucht wurde, den Pferden bei Wagenrennen einen Vorteil durch das Verabreichen von einer Mischung aus Wasser und Honig zu verschaffen, wurden auch schon im südamerikanischen Raum Coca Blätter, Guarana, Yoco, Covain, Mate und andere Pflanzen konsumiert, um gegen Müdigkeit und Erschöpfung anzukämpfen (vgl. ebd. S.34).

2.2 Dopingfälle und geschichtliche Hintergründe in der Moderne

Das erste Mal kam der Begriff des „Doping" 1889 in einem englischen Wörterbuch auf, der damals eine Mixtur aus verschiedenen Narkotika und Opium, die dann Pferden bei Pferderennen verabreicht wurde, bezeichnete.
Die Zeit um Ende des 19. Jahrhunderts wird als Anfang des modernen Dopings gesehen, wobei hier zunächst hauptsächlich mit Koffein, Alkohol, Heroin, Kokain und auch Nitroglycerin gearbeitet wurde, um eine Leistungssteigerung zu erzielen. Diese Einnahme von oftmals sehr gefährlichen Substanzen hatte schon bald Konsequenzen für die Konsumenten, und „so war dann auch im Jahr 1886 der erste Todesfall zu verzeichnen, als der englische Radfahrer Linton nach einer Überdosis Trimethyl beim Rennen „Bordeaux-Paris" stürzte" (ebd. S.35).

Nachdem die Olympischen Spiele 1896 wiederbegründet wurden, bestand bei den Athleten eine größere Bereitschaft leistungssteigernde Mittel einzunehmen. Dies wiederum hatte auch zur Folge, dass die Pharmaindustrie und Mediziner nach neuen Möglichkeiten für eine Verbesserung der physiologischen Möglichkeiten der Sportler forschte und allgemein die Anwendung pharmakologischer Substanzen weiter in den Mittelpunkt rückte.

Nun kam es Anfang der 50er Jahre des 20. Jahrhunderts zu einer nennenswerten Entwicklung im Bereich des Dopings, denn erstmals nahmen Athleten künstlich hergestellte, anabole Steroide ein. Ursprünglich kam dieser Trend in den USA und der Sowjetunion auf, denn „im Jahr 1954 wurde dann auch öffentlich berichtet, dass russische Sportler anabole Wirkstoffe einnähmen, um Kraft und Gewicht zu erhöhen" (Haug 2009, S.35).

Fortlaufend akkumulierten sich in den 1960er Jahren, besonders im Radsport, dopingbedingte Todesfälle. Nicht zuletzt der Tod des Radprofis Tom Simpson 1967, „bei dem als Ursache die Einnahme von Amphetaminen in Zusammenhang mit der großen Belastung und der heftigen Sonneneinstrahlung während des Rennens diagnostiziert wurde." (ebd. S.35), gab einen entscheidenden Anstoß für ein radikaleres Vorgehen der Dopingkommissionen. Folglich definierten diese Gremien 1963 erstmals das Doping einwandfrei und erstellten zusätzlich eine Verbotsliste für diverse Stoffgruppen. Die ersten Dopingtests und Kontrollen fanden 1968 bei den Olympischen Winterspielen in Frankreich statt, wobei die ersten Disqualifikationen dann erst 1968 bei den Sommerspielen in Mexico ausgesprochen wurden. Um 1970 entschlossen sich dann auch viele große Verbände, wie etwa der internationale Fußballverband (FIFA) oder der internationale Radsportverband (UCI), Dopingkontrollen einzuführen. Innerhalb der folgenden Jahre verständigten sich die internationalen Dopingverbände auf einheitliche Dopingbestimmungen, aber auch auf ein gemeinsames Verfahren für Dopingtests, welches auch übereinstimmende Zulassungsbestimmungen für Labore zur Dopingkontrolle beinhaltet.

Jedoch konnte weder durch die Todesfälle noch durch die Verschärfung der Verbotsregeln und Durchführung von Dopingkontrollen eine ernsthafte Abkehr vom Gebrauch von Dopingmitteln bewirkt werden. In den Staaten des ehemaligen Ostblocks wurde die Verteilung der leistungssteigernden Substanzen an die Athleten sogar systematisch durch den Staat veranlasst (vgl. Haug 2009, S.36). Es kam letzten Endes zu zahllosen weiteren Dopingfällen wie 1988, als der kanadische Sprinter Ben Johnson bei den Olympischen Spielen in Seoul der Einnahme des Anabolikums Stanozolol überführt wurde, nachdem er zuvor einen neuen Weltrekord für den 100-Meter-Lauf aufgestellt hatte. Nach Fällen wie diesem war in der Öffentlichkeit, die jetzt erst das Ausmaß der Dopingkultur realisierte, nun häufiger Unmut über die vorherrschende Dopingpraxis zu verzeichnen.

Zu den Olympischen Spielen 2000 in Sydney wurden nun „erstmalig mehr als 3000 Dopingkontrollen durchgeführt und so viele Dopingfälle wie nie zuvor im Umfeld der Spiele registriert [..]." (Haug 2009, S.39)

Auch heutzutage wird noch gedopt, wobei speziell Anabolika sich weiterhin an Beliebtheit erfreuen und immer noch die Statistik der nachgewiesenen Dopingfälle anführen (Stand 2004 vgl. Müller 2004, S.40). Einerseits werden Dopingkontrollen permanent schärfer ausgestaltet, aber andererseits stehen diese einer fortschreitenden Entwicklung neuer Substanzen und Methoden, wie z.B. Gendoping, gegenüber. Insgesamt kann man derzeit einen Rückgang von nachgewiesenen Dopingfällen erkennen, allerdings wird durch spektakuläre Einzelfälle von Dopingskandalen im Spitzensport das mediale sowie das öffentliche Interesse stets neu belebt.

2.3 Begriffsdefinition von Doping

Nach dem ersten Aufkommen des Begriffs „Doping" war zunächst, aufgrund der unbestimmten Definition dieses Ausdrucks, eine juristische Auslegung unmöglich. Diese Bezeichnung sollte nun einheitlich definiert werden, um Verhaltensweisen im Sport zu erfassen, die im Sinne der Dopingbekämpfung unterlassen werden sollten. Eine einheitliche Begriffsdefinition ist nämlich die „Grundlage für Sanktionen gegen Sportler, Trainer, Funktionäre und auch Ärzte." (Dickhuth et al. 2010, S.515. Anfangs erließen Verbände oft nur Verbote in abstrakter Form; auch als der Europarat 1963 dem zunehmenden Einsatz von Anabolika seit den 50er Jahren versuchte mithilfe folgender Definition entgegenzuwirken:

> „Doping ist die Verabreichung oder der Gebrauch körperfremder Substanzen
> in jeder Form und physiologischer Substanzen in abnormaler Form oder auf
> abnormalem Weg an gesunde Personen mit dem einzigen Ziel der künstli-

chen und unfairen Steigerung der Leistung im Wettkampf." (Haug 2009, S.44)

Diese abstrakte Interpretation des Dopingbegriffs erwies sich jedoch besonders aufgrund der Differenzierung von physiologisch bzw. unphysiologisch als ungeeignete Lösung, um verbotene von erlaubten Substanzen abzugrenzen. Einen bedeutsamen Wandel in der Dopingbekämpfung brachte schließlich der „Medical Code" des IOC (International Olympic Committee) im Jahre 1967, denn erstmalig wurde Doping nicht mehr abstrakt definiert, sondern als Gesamtheit von verbotenen Methoden und Wirkstoffen (vgl. ebd. S.45).

Von jetzt an war eine strikte Abgrenzung von verbotenen und erlaubten Substanzen möglich, was die Dopingbekämpfung auf juristischer Ebene erheblich vereinfachte. Jedoch musste man auch akzeptieren, dass diese Verbotsliste stets den neuen Dopingmethoden und pharmakologischen Entwicklungen hinterherhinkt und dazu antreibt neue Mittel zu entwickeln, um sich einem Nachweis zu entziehen (vgl. ebd. S.45). Nach einigen weiteren Interpretationsversuchen wurde letztendlich 2003 der World Anti Doping Code (WADC) von der WADA (World Anti Doping Agency) vorgestellt, der „zwischenzeitlich von allen olympischen internationalen Sportfachverbänden anerkannt wurde" (ebd. S.48). Nach dem WADC wird Doping folgendermaßen in Überpunkte gegliedert und definiert:

Artikel 1 Definition des Begriffs Doping
Doping wird definiert als das Vorliegen eines oder mehrerer der nachfolgend in Artikel 2.1 bis Artikel 2.10 festgelegten Verstöße gegen Anti-Doping-Bestimmungen.
Artikel 2: Verstöße gegen Anti-Doping-Bestimmungen
Als Verstöße gegen Anti-Doping-Bestimmungen gelten:
2.1 Vorhandensein eines verbotenen Stoffes, seiner Metaboliten oder Marker in der Probe eines Athleten. [...]
2.2 Anwendung oder versuchte Anwendung eines verbotenen Stoffs oder einer verbotenen Methode seitens eines Athleten. [...]
2.3 Umgehung der Probenahme, Weigerung oder Versäumnis, eine Probe abzugeben. [...]
2.4 Meldepflichtverstöße. [...]
2.5 Unzulässige Einflussnahme oder versuchte unzulässige Einflussnahme auf einen Teil des Dopingkontrollverfahrens. [...]
2.6 Besitz eines verbotenen Stoffs oder einer verbotenen Methode. [...]
2.7 Das Inverkehrbringen oder versuchte Inverkehrbringen von verbotenen Stoffen oder verbotenen Methoden.[...]

2.8 Die Verabreichung oder versuchte Verabreichung von verbotenen Wirk-
stoffen oder verbotenen Methoden bei Athleten bei Wettkämpfen oder die
Verabreichung oder versuchte Verabreichung von Stoffen oder Methoden,
die außerhalb von Wettkämpfen verboten sind, bei Athleten außerhalb von
Wettkämpfen.[...]
2.9 Beihilfe. [...]
2.10 Verbotener Umgang. [...] (Welt-Anti-Doping-Code, 2015, S.6ff)

Diese Aufzählung der verbotenen Handlungsweisen und Zustände wird im WADC noch weitaus genauer erläutert und außerdem auch eine Verbotsliste für Methoden und Substanzen aufgestellt. Folglich wurde der WADC mittlerweile in Regelwerke von sehr vielen Fachverbänden implementiert und vereinheitlicht dort den Dopingbegriff weltweit (vgl. Haug 2009, S.44). Der Anwendungsbereich für Dopingnormen wurde durch diesen Code, der zuletzt 2015 schon zum dritten Mal seit 2003 überarbeitet wurde, extrem ausgeweitet. Beispielsweise sind die Erweiterung der Dopingtatbestände auf jegliche Tatbeteiligung durch Dritte, die explizite Gleichstellung von Versuch und vollendeter Tat, sowie auch die Ahndung von Meldepflichtverstößen, bedeutsame Entwicklungen für die Definition und Bekämpfung des Dopings.

2.4 Rechtliche Situation bei Dopingfällen in Deutschland

Aus der Verfassung nach Art.9 Abs.1 GG geht hervor, dass in Deutschland Vereine und Sportverbände ihre internen Angelegenheiten eigenverantwortlich und staatsfern regeln können. Diese Autonomie beinhaltet auch die Befugnis Maßnahmen, welche bis hin zu Straf- bzw. Disziplinargewalt reichen, gegen Doping im Sport zu ergreifen (vgl. Haas 2009, S.199). Logischerweise impliziert das, dass in Deutschland Sportverbänden und Vereinen die vorrangige Zuständigkeit im Kampf gegen Doping zukommt. Beispiele für mögliche Dopingsanktionen von Seiten des zuständigen Sportverbandes mithilfe eines Sportgerichtes „reichen von der Disqualifikation des betreffenden Sportlers über die Sperre im laufenden Wettkampf und die Aberkennung der erreichten Platzierung im Wettkampf bis zu öffentlichen Verwarnungen, Geldstrafen und dem zeitweisen oder dauerhaften Ausschluss von sportlichen Wettkämpfen" (Buck-Heeb, Dieckmann 2010, S.73).

Dennoch steht dem Bund die Regelung des Verkehrs für Arzneien, Heil- und Betäubungsmittel zu, weswegen der Gesetzgeber 1998 im Sinne der Dopingbekämpfung verboten hatte „Arzneimittel zu Dopingzwecken im Sport in den Verkehr zu bringen, zu verschreiben oder gar bei anderen anzuwenden" (Haas 2009, S.201).

Folglich konnten nun bei Dopingverstößen auch juristische Schritte gegen Trainer, Betreuer, Ärzte und sonstige Personen eingeleitet werden.Im Oktober 2007 wurde dieses Arzneimittelgesetz dahingehend ergänzt, dass von jetzt an auch der Besitz der entsprechenden Mittel in nicht geringer Menge zu Dopingzwecken bei Menschen strafbar sein soll. Ein Verstoß kann von staatlichen Gerichten mit einer Freiheitsstrafe bis zu drei Jahren oder Geldstrafe bestraft werden (vgl. Glockner 2009, S.174).

3. Doping am Beispiel von Anabolika

3.1 Wirkung von Anabolika

Im Allgemeinen beschreibt das Wort anabol, ursprünglich von dem griechischen Wort anabolé, körperaufbauende Prozesse. Im Kontext mit Doping wird das Wort Anabolika für synthetische anabole Steroide verwendet. Diese künstlichen „Steroide leiten sich alle vom Testosteron ab, und unterscheiden sich nur durch Änderungen chemischer Funktionen am Steroid-Grundgerüst" (Schänzer 2010, S.17). Schon 1935 wurde die eiweißaufbauende Wirkung des männlichen Geschlechtshormons Testosteron entdeckt (vgl. Bredenkamp 1985, S.59). Jedoch wirkt Testosteron gleichermaßen androgen, wie anabol, wobei die androgene Wirkung beispielsweise für Therapien von katabolen Körperzuständen, Blutarmut oder Muskelatrophie unerwünscht war. Aus diesem Grund wurden von 1950 bis 1970 Hunderte von Substanzen synthetisiert, welche hauptsächlich anabol wirken sollten. Von diesen synthetischen Steroiden konnten sich hingegen nur einige wenige durchsetzen und auf dem Markt bleiben. Zum Beispiel gehören Stanozolol, Metandienon und 19-Nortestosteron zu den am häufigsten zu Dopingzwecken missbrauchten Anabolika (vgl. Schänzer 2010, S.17).

Die Förderung der Proteinbiosynthese in den Muskelzellen ist für den dopenden Sportler der am meisten ausschlaggebende Effekt, während unter anderem aber auch die Zunahme der Hämoglobinkonzentration, eine prozentuale Abnahme der

8

Körperfettes sowie eine Vergrößerung des Herzens, für Sportler positive anabole Wirkkomponenten darstellen (vgl. Glockner 2009, S.98). Aufgrund der erhöhten Proteinbiosynthese und der damit einhergehenden Hypertrophie sind anabole Wirkstoffe für alle Sportarten von Bedeutung, die eine hohe Muskel- oder Schnellkraft erfordern (vgl. ebd. S98). Somit können hauptsächlich Bodybuilder, Gewichtheber und Athleten in Wurf-, Sprint- und Stoßdisziplinen von dem zusätzlichen Muskelaufbau durch Anabolika profitieren. Außerdem wird durch die Steroide die Regeneration alle belasteten Muskelgruppen durch die erhöhte anabole Kapazität beschleunigt, was sich auch für Ausdauersportler vorteilhaft auswirken kann. Ausschließlich die Injektion oder anderweitiger Konsum von Anabolika reichen alleine nicht aus, um die gewünschten anabolen Effekte zu erzielen, denn eine volle Entfaltung der Wirkung der Mittel kann nur eintreten, falls „entsprechende Trainingsreize gesetzt werden und zudem eine adäquate, eiweißreiche Ernährung erfolgt" (ebd. S.98).

Neben den physischen Auswirkungen treten auch oft psychische Veränderungen auf, wie etwa ein gehobenes allgemeines Wohlbefinden, eine leicht euphorische Grundstimmung, verstärkte Motivation und Aggressivität als auch ein erhöhter Leistungsantrieb (vgl. ebd. S.98).

3.2 Risiken und Nebenwirkungen von anabolen Steroiden

Aufgrund des häufigen Missbrauchs von anabolen Steroidhormonen im Freizeitbereich des Bodybuildings werden die Nebenwirkungen dieser Mittel zunehmend bekannt. Eine sehr sichtbare und typische Nebenwirkung ist beispielsweise die erhöhte Produktion der Talgdrüsen, was schließlich zu einer starken Akne führt, welche auch Steroidakne genannt wird. (vgl. Glockner 2009, S.99)

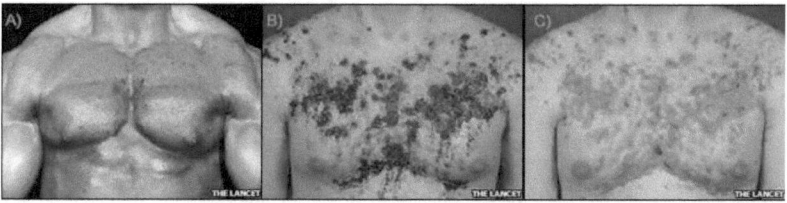

Abbildung 1: „Steroidakne" als Folge von Anwendung anaboler Steroide

Es besteht ein Risiko für Herzinfarkte, da Veränderungen des Fettstoffwechsels stattfinden und die Herzmuskelmasse zunimmt, ohne dass die Blutversorgung sich entsprechend verbessert (vgl. Schänzer 2010, S.20). Außerdem können Leberschäden in Form von Funktionsstörungen bis hin zu Leberkrebs zu Tage treten. Laut Glockner sind auch psychische Beschwerden wie verstärkte Reizbarkeit, Aggressivität, Impulsivität, Schlaflosigkeit, Panik bis hin zu Manie und Psychosen bereits mehrfach bei Anabolikakonsumenten festgestellt worden (vgl. Glockner 2009, S.100). Bisweilen existiert kein synthetisches Anabolikum ohne androgene Nebenwirkungen, weshalb Nebenwirkungen bei Frauen zumeist vermännlichende Effekte beinhalten. Durch hormonelle Veränderungen sind eine Vertiefung der Stimme durch eine Kehlkopfverknöcherung, ein männliches Behaarungsmuster wie etwa in Form eines Bartes, eine Vergrößerung der Klitoris oder Abweichungen des Menstruationszyklus, häufige Folgen für Frauen (vgl. Schänzer 2010, S.20). Demgegenüber stehen bei Männern laut Bredenkamp in vielen Fällen eine Reduktion des Testosteronspiegels und der damit einhergehende Rückgang der Spermienzahl, eine Vergrößerung der männlichen Brustdrüse, auch Gynäkomastie genannt, und die Abnahme des Hodenvolumens oft um 12 bis 14 Prozent (vgl. Bredenkamp 1985, S.65).

Besonders gravierend kann der Konsum anaboler Steroide für Kinder und Jugendliche sein, da es laut Glockner zu einem frühzeitigen Schließen der Wachstumsfugen in den Knochen kommen kann, was letztendlich zu dem Ende der Wachstumsphase und einer Verminderung der definitiven Körpergröße führt (vgl. Glockner 2009, S.99). Eine zusätzliche Gefahr besteht darin, dass Bänder, Sehnen und Knochen der vermehrten Muskelkraft nicht standhalten können, denn besonders bei Anfängern steht die Belastbarkeit der Sehnen und Bänder in keinem adäquaten Verhältnis zu der rasanten Muskelkraftentwicklung (vgl. Bredenkamp 1985, S.64).

Grundsätzlich hängen alle Risiken und Nebenwirkungen von Anabolika von der Dosis, der Dauer der Einnahme, sowie auch dem spezifischen Präparat ab (vgl. ebd. S.66). Somit verstärken Überdosierung, Langzeitbehandlung, Kombinationsanwendung mit anderen Medikamenten und der Erwerb dieser Substanzen auf dem Schwarzmarkt die Gefahren der Anwendung von Anabolika zusätzlich und bergen ein unkalkulierbares Risiko. Mithilfe der dargelegten Informationen ist zu erkennen, dass der Konsum anaboler Steroide weitreichende Konsequenzen mit sich ziehen kann und letztendlich sogar bis zum Tod durch Herzinfarkt oder Organversagen führen kann.

4. Grundlagen zum Bodybuilding

4.1 Ursprung des Bodybuildings

Um 1900 standen im Zirkus- und Varietébereich zunächst noch Kraftleistungen im Mittelpunkt, bis schließlich immer häufiger auch imposante Darbietungen von extravaganten Körperhüllen inszeniert wurden. Diese Auftritte gelten als Ursprung des Bodybuildings, sowie des klassischen Gewichthebens (vgl. Kläber 2010, S.32).

So stand zur damaligen Zeit, ebenso wie heutzutage, die Ästhetik im Mittelpunkt des Bodybuildings, jedoch fungiert diese heute im Gegensatz zu damals nicht mehr zu Unterhaltungszwecken.

Anfangs mussten sich Bodybuilder in Krafträume lokaler Turnvereine oder in private Keller mit zum Teil selbstkonstruierten Trainingsgeräten und primitivstem Hantelequipment zurückziehen. Allerdings vergrößerten sich die frühen Trainingsgemeinschaften stetig, wobei diese bis in die 1960er Jahre von der Öffentlichkeit kaum wahrgenommen wurden. Daher gründeten sich nach einiger Zeit, aufgrund der rasant anwachsenden Nachfrage, die ersten privatwirtschaftlichen Fitnessstudios (vgl. ebd. S.32ff). Auch Stars wie Arnold Schwarzenegger und Sylvester Stallone haben durch ihre Filme ihren Beitrag zu diesem Trend geleistet und schließlich die Aufmerksamkeit der Öffentlichkeit erregt (vgl. Dietz 1994, S.86f). Dieser Ökonomisierungsprozess steigt bis heute an, was sich zum Beispiel an dem Anstieg der Fitnessstudioanzahl in Deutschland von 1000 auf 4000 zwischen 1980 und 1990 (vgl. Kläber 2010 S.32) bis zu über 8000 im Jahr 2014, verdeutlicht (vgl. statista.com).

Die enorme Anzahl an Fitnessstudios heutzutage stellt hingegen nicht den Zuwachs in der Szene der Bodybuilder dar, sondern ist eher auf eine gesundheitliche Richtung der kommerziellen Sport-Studio-Branche zurückzuführen. Bodybuilding an sich musste seit den 1990er Jahren einen wachsenden Bedeutungsverlust hinnehmen, so wurden klassische Bodybuilding-Studios zur Randerscheinung und Athleten wurden häufiger Zielscheibe sozialer Stigmatisierungen (vgl. ebd S.34).

4.2 Beschreibung des Bodybuildings

Anne Honer definiert Bodybuilding wie folgt:

> *„Bodybuilding in diesem Sinne als Arbeit verstanden, ist damit eine entworfene Veränderung des naturgegebenen und sozial deformierten Körpers mit dem expliziten Ziel, aus schwachem, weichem, trägem, fettem Fleisch kräftiges, hartes aktives und muskulöses zu machen, die Konturen des Körpers auszudehnen" (Honer 1985, zit. nach Dietz 1994, S.84).*

Also kann man daraus folgern, dass das Ziel eines Bodybuilders ein starkes Muskelwachstum mit dem Ziel der aktiven Gestaltung des Körpers ist. Um dies zu bewerkstelligen, wird in regelmäßigen Abständen ein Fitnessstudio aufgesucht und ein Krafttraining an Fitnessgeräten absolviert, welches üblicherweise 50 bis 90 Minuten in Anspruch nimmt (vgl. Breitenstein 2012, S.44).

Dies alleine reicht jedoch keineswegs aus, denn eine Optimierung und Anpassung des Trainingsplans und der Ernährung sind zentral, um ein Muskelwachstum zu provozieren. Beispielsweise ist für den Trainingsplan ein progressives Gewichtstraining in Form von kontinuierlichen Gewichtssteigerungen nötig, um durch höhere Reizintensitäten intensivere Trainingsreize auf die Muskulatur zu setzen. Folgend reagiert der Muskel mit einem Kraft- und Substanzzuwachs (vgl. ebd. S.56). Häufig wird auch nach verschiedenen Trainingsphasen trainiert. So werden zum Fettabbau komplett andere Trainingspläne konstruiert, als unter anderem zum Muskelaufbau oder zur Kraftsteigerung. Zudem wird beim Kraftsport meist sehr konzentriert trainiert. Im sogenannten Split-Training wird der Fokus auf eine bis maximal drei Muskelgruppen innerhalb einer Trainingseinheit gelegt. Dadurch werden einzelne Muskelpartien gezielter und umfangreicher belastet und es kann eine höhere Anzahl an Übungen und Sätzen pro Muskel ausgeführt werden (vgl. ebd. S. 58).

Um eine optimale Hypertrophie zu erreichen, muss außerdem penibel auf die Ernährung geachtet werden. Unter anderem ist eine erhöhte Proteinzufuhr von 1.5-3g pro Kilo Körpergewicht des Athleten essenziell, um den Muskel zu regenerieren und Muskelmasse aufzubauen (vgl. ebd S.56). Für viele ist es schwierig, täglich diese Menge an Eiweiß mithilfe konventioneller Nahrungsmittel aufzunehmen. Aus diesem Grund greifen viele Trainierende zu Eiweißpulver, das aus Soja, Milch, Eiern oder Molke gewonnen wird, und konsumieren dies in Form von Protein-Shakes. Diverse Nährstoffe und Minerale können einen optimalen Muskelaufbau unterstützen, weshalb oft zu Nahrungsergänzungsmitteln, wie zum Beispiel essenzielle Aminosäuren (BCAA-Kapseln) oder Kreatin-Monohydrat, gegriffen wird.

Besonders kritisch zu betrachten ist, dass Supplements im Bodybuilding oft als Notwendigkeit propagiert werden. Hinter diesen Behauptungen steckt in den meisten Fällen eine Marketingstrategie, mit dem Ziel den Absatzmarkt der milliardenschweren Nahrungsergänzungsmittelindustrie zu vergrößern (vgl. Moosburger 2004, S.84).

Unzählige Methoden, Trainingsansätze und wichtige Fakten wie die beiden genannten, egal ob wissenschaftlich belegt oder nicht, werden von Trainern, Athleten, Zeitschriften oder über das Internet verbreitet und erschweren Anfängern oft, sich in dem Informationsüberschuss zu orientieren. Zweifelsfrei ist aus genannten Gründen erkenntlich, dass es als Bodybuilder erforderlich ist, sich fundiertes Trainings- und Ernährungswissen anzueignen, um signifikante Erfolge zu erzielen.

Grundlegend ist es unausweichlich bei den Studiobesuchern zwischen Spitzenathleten und Freizeitsportlern zu differenzieren. Laut Honer gibt es einerseits die hobbymäßigen Bodybuilder, die aus gesundheitlichen Gründen ins Studio gehen und ihre äußere Erscheinung durch Gewichtszu- oder abnahme verbessern möchten. Sie empfinden das Training als einfachen Spaß und wollen fit bleiben. Andererseits gibt es die „echten" Bodybuilder, die laut Honer ihr Körpertraining zur Ideologie oder Philosophie erheben und deren Interesse mehr als ein einfaches Hobby oder sportlicher Ausgleich ist (vgl. Honer 1985, zit. nach Dietz 1994, S.86). „Im Vordergrund [ihrer] Beschäftigung steht die angestrebte permanente Leistungssteigerung, die sich in einem kontinuierlichen Muskelaufbau realisiert. Die Erfolgschancen einen Meistertitel zu erzielen, motivieren [sie] zusätzlich" (ebd. S.86; Erg. L.K.).

4.3 Wettkämpfe im professionellen Bodybuilding

Zwar ist Bodybuilding eine Art von körperbetonter, kraftorientierter sportlicher Betätigung, aber es gehört dennoch nicht zu den olympischen Disziplinen. Fast jede Sportart strebt nach Höchstleistungen und nach Vergleichbarkeit mit der Konkurrenz. Ob jedoch Schönheit und Harmonie des Körpers eines Bodybuilders nun objektive Kriterien für einen Vergleich darstellen bleibt kritisch zu beurteilen (vgl. Dietz 1994, S.85). Auch aus diesem Grunde sprechen „nicht wenige seiner Kritiker [..] dem Bodybuilding jeglichen Sportcharakter ab" (Kläber 2010, S.33).

Darüber hinaus erlebt der Zuschauer die eigentliche Leistung der Wettkämpfer, also das jahrelange Training im Fitnessstudio und das Einhalten des Ernährungsplans, nicht direkt mit, sondern nur indirekt als Ergebnis dieser Leistung in Form des muskulösen Körpers auf der Bühne einer Bodybuildingmeisterschaft (vgl. Dietz 1994, S.85). Trotz dieser Bedenken über die Interpretation des Bodybuildings als sportliche Disziplin werden von Verbänden, wie dem DBFV (Deutscher Bodybuilding und Fitnessverband) regelmäßig Bodybuildingwettkämpfe veranstaltet, die regulären Sportveranstaltungen ähneln. In einem Wettkampf werden die Teilnehmer in Gewichts-, Altersklassen und Geschlecht unterteilt, sie müssen dann auf einer Bühne Pflichtposen und festgelegte Kraftposen absolvieren (vgl. ebd. S.85). Auch eine strenge Bekleidungsvorschrift, ein detailliertes Punktesystem zur Bewertung und eine Zeitvorgabe für eigens einstudierte Präsentationen müssen von den Bodybuildern eingehalten werden (vgl. Kläber 2010, S.33).

Bewertungskriterien eines Wettkampfes sind unter anderem ein möglichst niedriger Körperfettanteil, was im Fachjargon der Muskelhärte entspricht, das Gesamtvolumen der Muskeln und eine möglichst ästhetische Symmetrie der Muskeln im Gesamtbild. Um den Körper auf eine reale Wettkampfsituation vorzubereiten, wird schon monatelang vor dem Auftritt spezifisches Krafttraining absolviert, Diät gehalten und nicht selten auch mit speziellen Dopingpraktiken nachgeholfen, um schließlich dem Ideal der Jury zu entsprechen.

Selbstverständlich finden auf allen Wettkämpfen für Bodybuilder Dopingkontrollen statt. Diese Tests umgehen Athleten jedoch häufig mithilfe falscher Urinproben oder durch das Absetzen der jeweiligen Medikamente einige Wochen vor dem Wettkampf. Trotz der immens hohen Rate an gedopten Bodybuildern im Spitzensport gibt es nun eine steigende Anzahl an Bodybuildern die sich für die „Natural Bodybuilding" Bewegung einsetzen. Zum Beispiel setzt sich Berend Breitenstein für dieses dopingfreie Bodybuilding ein und gründete die GNBF (German Natural Bodybuilding Federation), die regelmäßig Wettkämpfe für ungedopte Athleten veranstaltet. Diese Wettkämpfe zeichnen sich vor allem durch extreme Dopingkontrollen mittels Lügendetektor oder unangekündigten Dopingtests aus. Anstatt wie auf den meisten Meisterschaften nur den Urin der Bodybuilder zu testen, sind bei der GNBF mitunter Haaranalysen und Blutproben keine Seltenheit.

5. Doping im Bodybuilding

5.1 Dopingverhalten im Spitzensport

> *„Grundsätzlich wägen Individuen bei ihren Entscheidungen Kosten und Nutzen ab und wählen die für sie günstigste Handlungsalternative aus: Man spricht in diesem Zusammenhang von rationaler Entscheidung. Ein beliebiger Sportler wird somit den Nutzen und die Kosten des Dopings gegeneinander abwägen und auf dieser Grundlage seine Entscheidung fällen."* (Daumann 2008, S. 83)

Daraus lässt sich folgern, dass der Sportler nur dann zu Doping greift, wenn er glaubt, dass der Nutzen, in Form von einer Leistungssteigerung und gegebenenfalls auch Geldprämien, die Kosten, die sich auf Gesundheit oder Ruf auswirken können, überwiegt. Ebenso trifft dies auf Bodybuilder zu, denn diese sind oftmals von Sponsoren als Geldgeber abhängig, wohingegen diese jedoch „nur für erfolgreiche Sportler ihre Mittel fließen lassen und bei Misserfolg die Förderung einstellen" (Asmuth 2014, S.56). Dies zwingt professionelle Bodybuilder Spitzenleistungen zu erbringen, welche oft mithilfe von Dopingmitteln wie Anabolika unterstützt werden, um ihren finanziellen Abstieg vorzubeugen oder ihre Existenzgrundlage zu sichern. Zudem sind, aufgrund der hohen Anzahl an dopenden Konkurrenten im Wettkampf, viele Spitzensportler dazu gezwungen, ebenso auf Steroide zurückzugreifen, um eine potenzielle Chance auf den Sieg und die Preisgelder zu garantieren. Außerdem schadet es dem Ruf der Bodybuilder kaum, falls die Dopingpraxis ans Licht kommt. Gründe dafür sind, dass die Medien kaum Interesse an Dopingskandalen im Bodybuilding haben – ganz im Gegensatz zu Dopingfällen wie Lance Armstrong, dem siebenmaligen Tour de France Sieger - und auch ein szeneninterner Rufverlust ist wegen des gängigen Steroidmissbrauchs im Kraftsport schwerlich zu befürchten.

Angesichts der vorliegenden Argumente und Gründe ist nicht verwunderlich, dass die meisten diesem psychologischen Druck von Seiten der Trainer, sowie auch von Sponsoren und Konkurrenz nicht standhalten können und sich selbst infolgedessen die Anwendung von Anabolika rechtfertigen. Folglich konsumieren schätzungsweise 100% der leistungsorientierten, professionellen Bodybuilder anabole Steroide (vgl. Geipel 2008, S.15).

5.2 Gründe für den Dopingmissbrauch im Freizeitsport

Da Bodybuilder im Freizeitsport weder hohe Geldprämien noch Sponsoren- bzw. Werbeverträge gewinnen können, müssten somit eigentlich die in Kapitel 3.2 genannten gesundheitlichen Risiken überwiegen und den Kraftsportler laut Daumann von einer Dopinganwendung abhalten. Freizeitkraftsportler haben im Vergleich zu Spitzenathleten jedoch grundverschiedene Motivationen zu dopen, denn sie wollen lediglich den schnellen Erfolg – egal ob durch Arzneimittel, Nahrungsergänzungsmittel oder andere Mittel und Methoden. Freizeitsportler wünschen sich einen ästhetischen Körper der ganz dem muskulösen Idealbild entspricht, zu dem „die gesellschaftliche Erwartungshaltung an sportliche Aktivität, Leistungsorientiertheit und das Belohnen von Erfolg […] beigetragen" (Bräutigam 2009, S.170) hat. Besonders in den Medien wird das Ideal eines muskulösen, athletischen Mannes geschaffen, was vor allem männliche Jugendliche dem Schönheitswahn verfallen lässt. Zudem suggeriert die Supplementindustrie beispielweise in Form von Werbung in Bodybuildingmagazinen einen schnellen Trainingserfolg mithilfe diverser Produkte. Dies hat zur Folge, dass viele Amateurbodybuilder sich nicht bewusst sind, dass es jahrelangen harten Trainings und entsprechender Ernährung bedarf und zeitige Trainingsresultate ausschließlich durch Nahrungsergänzungsmittel unwahrscheinlich sind. Daraus folgt laut Bräutigam, dass nun insgesamt „in der Gesellschaft [..] ein [..] Trend zur „Bequemlichkeitsmedizin" festzustellen" (Bräutigam 2009, S.161) ist.

Diese Entwicklung zeigt sich besonders an Jugendlichen, die zu Dopingmethoden greifen, um ästhetischer auszusehen und ihren in den Medien dargestellten Idealen und Idolen näher zu kommen. Auch ist die Dopingsituation laut Kläber im Breiten- sowie Freizeitsport besonders im Bereich der kommerziellen Fitnessstudios sehr bedenklich. Zudem sind nach der WADA-Studie Bodybuilder sogar die weltweit größten „Doping Nachfrager" (vgl. Kläber 2010, S.193).

Gerade in Zeiten des Internethandels blüht der virtuelle globale Markt für Doping-mittel auf. Durch unterschiedliche Gesetzmäßigkeiten in den Ländern kann man beispielsweise in der Türkei oft ohne Rezept anabole Steroide in einer Apotheke kaufen. Dadurch entstehen illegale Vertriebswege, die sich den Kontrollinstanzen entziehen und als Folge boomt der Schwarzmarkt für derartige Substanzen (vgl. Bräutigam 2009, S.166). Online reicht eine simple Suchanfrage in einer beliebigen Suchmaschine aus, um auf zahllose Anbieter für Anabolika zu stoßen. Nach einer einfachen Bestellung erhält man das Paket auf dem Postweg, falls es nicht in gele-gentlichen Fällen vom Zoll aufgegriffen wird. Nicht zuletzt verleitet auch der Erfah-rungsaustausch über Einnahme diverser Dopingsubstanzen „über das Internet, in Form von geschlossenen Newsgroups, Chatrooms usw" (ebd. S.171). zu Probeversu-chen an sich selbst.

5.3 Beispiele von berühmten und gedopten Bodybuildern

Ohne Zweifel gibt es eine Vielzahl von bekannten und gedopten Kraftsportlern, aber Andreas Münzer zählt wohl zu den bekanntesten, wobei dies vermutlich auf seinen schicksalhaften Doping-Tod zurückzuführen ist. Der gebürtige Österreicher war das Vorbild vieler deutschsprachiger Bodybuilder und verwirklichte schon in jungen Jah-ren einen kometenhaften Karriereverlauf durch diverse Wettkampfgewinne. Mit 31 Jahren am Höhepunkt seiner internationalen Auftritte „klagte Münzer über starke Magenschmerzen. Er wurde ins Krankenhaus eingeliefert. Eine Notoperation kam zu spät" (vgl. Münzer 1997).

Während im Normalfall die Leber vielfältige toxikologische Einflüsse beseitigt, werden im Bodybuilding Hormone meist in extrem hoher Dosierung konsumiert, was bei Münzer laut Obduktionsbericht zu einer eindeutigen Todesursache führte. Anabole Steroide sind häufig Auslöser für Lebertumore, so wurden auch bei Münzer überdimensional große Tumore in der Leber gefunden. Die gänzliche Auflösung des Lebergewebes sowie weitere Organversagen führten letztendlich zur einem multifunktionalen Organversagen (vgl. ebd.).

Auch der ehemalige kalifornische Gouverneur und Hollywood-Star Arnold Schwarzenegger räumte 1996 ein leistungssteigernde Medikamente eingenommen zu haben, um in seiner Vergangenheit bei Bodybuilding Wettbewerben zu bestehen. In einem Interview mit dem US-Fernsehsender ABC erklärte der siebenfache „Mister Olympia" einerseits, dass er es nicht bedauert mit Hormonpräparaten seine Bodybuildingkarriere unterstützt zu haben. Andererseits rät er jungen Menschen jedoch dringend von der Anwendung von Dopingmitteln ab, unter anderem weil er dies damals ausschließlich unter ärztlicher Aufsicht tat. (vgl. Schwarzenegger 2005)

6. Fazit: Prävention und Natural Wettkämpfe als Anti-Doping-Strategie

Im Laufe der Arbeit hat sich herausgestellt, dass bei Menschen der Wunsch einer Verbesserung der eigenen Fähigkeiten durch diverse Substanzen schon auf die Antike zurückgeht. Dennoch wurden juristische Maßnahmen und Kontrollen gegen Doping erst Ende des 20. Jahrhunderts von Verbänden wie der WADA konsequent eingeführt. Im Bodybuilding ist der Muskelaufbau das zentrale Ziel. Aus diesem Grund werden oft anabole Steroide angewandt, da diese den Trainierenden ermöglichen wesentlich größere Muskelmassen in verhältnismäßig kurzer Zeit aufzubauen. Zudem ist aufgrund der gängigen Dopingpraxis im Kraftsport kaum von einer Rufschädigung auszugehen. Darüber hinaus sind rechtliche Verfolgung und Konsequenzen schwerlich zu befürchten, da nicht der alleinige Konsum, sondern meist nur der Besitz von großen Mengen an Dopingmitteln geahndet wird und gegen das Arzneimittelschutzgesetz verstößt. Risiken und Nebenwirkungen der Anabolika sind den Konsumenten jedoch oft nicht ausreichend bekannt, obwohl diese oft fatale und irreversible Folgen für Leber, Herz und Genitalien haben können und schlimmstenfalls zum Tod durch Organversagen führen. Während im Wettkampfbodybuilding eher Siegerprämien, Chancengleichheit bei Wettkämpfen und Sponsorengelder als Motivation für Doping gelten, sind bei Freizeitsportlern medienmanipulierte Idealvorstellungen von Körper und Schönheit ein wesentlicher Einflussfaktor für den Medikamentenmissbrauch. Meiner Meinung nach sind dopingfreie Wettkämpfe eine bedeutungsvolle Entwicklung für den professionellen Bodybuildingsport in Hinsicht auf Fair Play und echte Sieger. Diese Wettkämpfe zeichnen sich vor allem durch extreme Dopingkontrollen mittels Lügendetektor oder unangekündigten Dopingtests aus. Meiner Ansicht nach sollen Bodybuilder nicht gezwungen sein Doping anzuwenden, um eine Chance auf einen Wettkampfsieg zu haben. Außerdem ist gegen die zunehmende Dopinganwendung von Amateursportlern eine Anti-Doping-Strategie in Form von Prävention notwendig. Besonders Aufklärung über Wirkungsweisen, Nebenwirkungen und Informationen über spezielle Substanzen sind meiner Meinung nach wichtige Maßnahmen im Kampf gegen Doping. Wissensvermittelnde Kampagnen über Doping könnten an Schulen zu einer wirkungsvollen Bildung der konstruktiven Meinung von Jugendlichen beitragen. Dasselbe Ziel verfolgend, gibt es in Deutschland bereits erste Präventionsansätze wie etwa die Website dopinginfo.de, die eine Dopingaufklärung und Beratung für Jugendliche bereitstellt.

Literaturverzeichnis

Asmuth, Christoph (2010) Was ist Doping?: Fakten und Probleme der aktuellen Diskussion. Bielefeld: transcript Verlag.

Bräutigam, Bettina (2009) Dopingverhalten/Arzneimittelmissbrauch in Freizeit- und Breitensport. In: Nickel, Rüdiger; Rous, Theo (Hrsg.): Das Anti-Doping-Handbuch. Band 1. 2. Auflage. Aachen: Meyer & Meyer Verlag.

Breitenstein, Berend (2012) Bodybuilding Training: Muskelaufbau, Fettabbau, Gesundheit. Norderstedt: Books on Demand.

Bredenkamp, Andreas (2000) Doping im Bodybuilding: eine wissenschaftliche Untersuchung zu Effizienz von Eiweißpräparaten und Anabolika. Bünde: Fitness Contur Verlag.

Buck-Heeb, Petra; Dieckmann, Andreas (2010) Selbstregulierung im Privatrecht. Tübingen: Mohr Siebeck.

Daumann, Frank (2008) Die Ökonomie des Dopings. Hamburg: Merus-Verlag.

Dietz, Carolin (1994) Körperkultur: Die soziale Inszenierung des Körpers in der modernen Gesellschaft. Diplomica Verlag GmbH.

Dopingfälle in München (1997) https://magazin.spiegel.de/EpubDelivery/spiegel/pdf/8786279 (Letzter Zugriff: 01.11.2016).

Geipel, Ines (2008) No Limit: wie viel Doping verträgt die Gesellschaft. Stuttgart: Klett-Cotta.

Glockner, Moritz (2009) Die strafrechtliche Bedeutung von Doping: de lege lata und de lege ferenda. Konstanz: Peter Lang.

Haas, Ulrich (2009) Doping und Recht. In: Nickel, Rüdiger; Rous, Theo (Hrsg.): Das Anti-Doping-Handbuch. Band 1. 2. Auflage. Aachen: Meyer & Meyer Verlag.

Haug, Tanja (2009) Dopinggeschehen: Von den Anfängen bis zu den Olympischen Spielen 2004. In: Nickel, Rüdiger; Rous, Theo (Hrsg.): Das Anti-Doping-Handbuch. Band 1. 2. Auflage. Aachen: Meyer & Meyer Verlag.

Kläber, Mischa (2010) Doping im Fitness-Studio: Die Sucht nach dem perfekten Körper. Bielefeld: transcript Verlag.

Moosburger, Kurt (2006) Nahrungsergänzungsmittel im Sport: facts and fallacies http://www.dr-moosburger.at/pub/pub006.pdf (Letzter Zugriff: 01.11.2016).

Müller, Rudhard Klaus (2004) Doping: Methoden, Wirkungen, Kontrolle. München: Beck.

Schänzer, Wilhelm (2010) Doping im Sport http://www.dopinginfo.de/rubriken/07_info/info_02.pdf (Letzter Zugriff: 01.11.2016).

Schwarzenegger bereut nichts (2005) http://www.n-tv.de/archiv/Schwarzenegger-bereut-nichts-article71340.html (Letzter Zugriff: 01.11.2016).

Welt-Anti-Doping-Code (2015) https://wada-main prod.s3.amazonaws.com/resources /files/2015-wadc-final-de.pdf (Letzter Zugriff: 01.11.2016).

Abbildungsverzeichnis

Abbildung 1: http://build-muscle-101.com/wp-content/uploads/2014
/12/anabolic-steroids-side-effects-1.jpg